JOURNAL
DES VOLEURS,

OU

RELATION

DES SÉANCES D'UNE SOCIÉTÉ SECRÈTE;

SUIVI D'UNE ANECDOTE CURIEUSE

SUR BUONAPARTE.

Ce Journal n'est pas sujet
à la censure.

A PARIS,

CHEZ TOUS LES MARCHANDS DE NOUVEAUTÉS.

—

Juillet 1821.

EXTRAIT DU CATALOGUE

De PILLET aîné , *impr.-libraire , rue Christine , n° 5.*

—

Les Fastes de l'Anarchie, ou Précis chronologique des Evénemens mémorables de la Révolution française , depuis 1789 jusqu'en 1804. Par le comte Achille de Jouffroy. Deux volumes in-8°. Prix. . . . . 12 fr.

L'Anti-Pyrrhonien, ou Réfutation complète des Principes contenus dans le second volume de l'*Essai sur l'Indifférence en matière de religion*, etc., etc. Par M. Jondot. Volume in-8°. Prix. . . . . 6 fr.

De la Chine, ou Description générale de cet Empire, rédigée d'après les Mémoires de la mission de Pékin. Ouvrage qui contient : 1° la description topographique des quinze provinces qui composent cet Empire, celle de la Tartarie, des îles et des Etats tributaires qui en dépendent ; le nombre de ses villes, le tableau de sa population, et les trois règnes de son histoire naturelle, rassemblés et donnés pour la première fois avec quelque étendue ; 2° l'exposé de toutes les connaissances acquises et parvenues jusqu'ici en Europe sur le gouvernement, la religion, les lois, les mœurs, les sciences et les arts des Chinois. Troisième édition, revue et considérablement augmentée. Par M. l'abbé Grosier, conservateur de la bibliothèque de MONSIEUR, frère du Roi, à l'Arsenal. Sept volumes in-8°. Prix. . . . . 42 fr.

Lettres sur la Sicile, écrites pendant l'été de 1805 par le marquis de Foresta. Deux volumes in-8°. Prix. 10 fr.

Histoire des Reines de France, depuis l'origine de la monarchie jusqu'à la mort de Marie-Antoinette d'Autriche ; suivie d'un *Précis de l'Histoire de France*, et ornée de vignettes. Par M. F. Rouillon-Petit. Volume in-12. Prix. . . . . 2 fr. 75 c.

Eloge de Malesherbes, suivi de notes historiques. Par M. Gandouard de Montauré. In-8°. Prix. . . 1 fr. 50 c.

Histoire de l'Ambassade dans le grand-duché de Varsovie en 1812; par M. de Pradt, archevêque de Malines, alors ambassadeur à Varsovie. Neuvième édition, revue et corrigée. Un volume in-8°. Prix. . . . . 4 fr. 5o c

Projet de deux Pétitions sur les moyens de perfectionner les journaux et d'améliorer le sort des anciens prêtres, avec des observations sur les écrits de M. l'abbé de la Mennais, etc., etc. Par M. l'abbé de Car, aumônier de la prison des Madelonnettes à Paris. Brochure in-8°.

Observations sur le zèle que plusieurs Députés dits du côté gauche *viennent de montrer en faveur des libertés de l'Eglise gallicane,* pour servir de suite à un Ecrit récent, intitulé : *Projet de deux Pétitions,* dans lequel sont défendues ces Maximes. Par le même auteur. In-8°. Prix, avec la brochure précédente . . . . 1 fr.

Histoire de l'Esclavage en Afrique (pendant trente-quatre ans) *de Pierre-Joseph Dumont,* natif de Paris; rédigée sur ses propres déclarations, par J. S. Quesné. Un volume in-8°, orné de ses deux portraits et d'un *fac simile* de son écriture. Troisième édition, revue, corrigée et augmentée d'un *Supplément.* Prix . . . . 3 fr.

Les Folies du Siècle, roman philosophique. Par M. de Lourdoueix. Un vol. in-8°, avec sept figures. Troisième édition. Prix. . . . . 5 fr.

Lettres à Madame de Fronville sur le Psychisme. Par J. S. Quesné. Cinquième édition. Un volume in-12. Prix. . . . . 2 fr.

Mémoires de M. Girouette, publiés par J. S. Quesné. Un volume in-12, orné de trois gravures. Prix, 2 fr. 5o c.

Le Vignole des Ouvriers, ou Méthode facile pour tracer les cinq Ordres d'architecture, donner les proportions convenables aux portes, croisées et arcades, aux entablemens et corniches, etc.; ouvrage utile aux peintres, décorateurs, sculpteurs, etc.; composé de trente-quatre planches et de sept feuilles et demie in-4° de texte (adopté par le ministre de l'intérieur pour les écoles de dessin linéaire). Par Charles Normand, architecte. Prix, 10 fr.

JOURNAL
DES VOLEURS,

ou

RELATION DES SÉANCES

D'UNE SOCIÉTÉ SECRÈTE.

Nous revenions, mon frère et moi, de Sceaux, où nous avions dîné le 21 juin dernier ; nous en étions partis assez tard ; bientôt nous nous trouvâmes dans la plaine de Montrouge. Malgré l'obscurité de la nuit, nous pûmes distinguer des hommes qui s'avançaient mystérieusement vers l'une des carrières situées dans cette plaine.

La curiosité nous porta à les suivre et à descendre avec eux, non sans prendre toutes les précautions possibles pour n'être pas découverts ; enfin, nous fûmes assez heureux pour nous tapir dans un coin ; et, un instant après, nous fûmes bien surpris de nous trouver au milieu d'une bande de voleurs qui s'étaient réunis pour délibérer sur les intérêts de leur société.

Il n'eût pas été prudent de chercher à nous retirer, nos mouvemens auraient été infailliblement aperçus : nous prîmes donc notre parti, et, profitant de nos talens sténographiques, à la lueur de deux mauvaises lanternes que ces messieurs avaient apportées, nous réussîmes à tenir notes de la séance. Nous assistâmes encore une fois à leurs délibérations, et vraisemblablement nous aurions continué cet intéressant Journal, si la prudence n'avait pas engagé les *honorables* membres à s'ajourner indéfiniment et à changer de local, comme on le verra à la fin de la deuxième séance.

LES RÉDACTEURS.

PREMIÈRE SÉANCE.

Du 21 au 22 juin 1821.

———

Présidence du camarade BRISECHAÎNE, *doyen d'âge et de profession.*

> Le président est assis sur une pierre couverte de mousse. A ses côtés sont les camarades *Ducachet*, ancien employé de la poste aux lettres, et *Souffleur*, ci-devant huissier; tous les deux nommés par acclamation pour remplir les fonctions de secrétaires provisoires.

Il est minuit; le vénérable Brisechaîne déclare que la séance est ouverte.

Tous les membres sont debout, et l'assemblée décide que le bureau provisoire restera définitif.

A l'instant le président se lève, et parle en ces termes :

« CAMARADES ,

» Depuis vingt ans j'ai l'honneur de présider vos assemblées. Chaque année vous me donnez un nouveau témoignage de votre estime ; j'ose dire que j'en suis digne.

» Qui plus que moi a travaillé à l'agrandissement, au bien-être et à la propagation de l'illustre association des Amis de l'Egalité! qui, plus que moi, a réussi, en parcourant les grandes routes, à mettre l'équilibre dans les fortunes ! Vous connaissez mes longs travaux ; je n'avais que quinze ans lors de mes premiers exploits, et j'en ai soixante-douze révolus. Mais ni l'âge ni les persécutions n'ont affaibli mon courage, et je suis encore prêt à me mettre à votre tête dans la forêt de Bondi, s'il se présentait une occasion de nous signaler.

» J'oublie que je ne dois pas vous entretenir de moi aussi long-tems, et déjà j'aurais dû reconnaître que si j'ai des droits à vos suffrages, vous partagez dignement mes périls. Comme moi, vous savez braver les préjugés et courir les dangers ; comme moi, vous faites une guerre active à ce qu'on appelle *la propriété;* comme moi, vous prenez où il y a de trop pour mettre où il n'y a pas assez. Ainsi, principes et travaux, tout est commun entre nous.

» Je dois cependant, mes chers camarades, vous faire observer que nous nous assemblons trop rarement, et qu'il existe un relâchement notable dans notre discipline.

» Nous nous disons amis de l'égalité, et les partages sont inégaux !

» Nous dépouillons les riches et les aristocrates, ce qui est conforme aux statuts de l'ordre, et il s'établit insensiblement parmi nous une aristocratie que les uns fondent sur la force, les autres sur *l'industrie...* Cela est contraire à ces mêmes statuts !

» J'ai conçu le projet de vous proposer, dans l'une de vos prochaines réunions, des articles additionnels à notre règlement, sans lesquels notre noble association tomberait infailliblement en dissolution.

» Mais il se présente aujourd'hui un objet d'urgence sur lequel il est important de délibérer.

» Il existe dans les *Gaules* un parti respectable qui nous protège.

» Ce parti n'a cessé depuis 1789 de chercher tous les moyens possibles d'énerver l'autorité publique qui, vous le savez, nous persécute toujours.

» Au moment de la révolution, il a tout fait pour que les crimes restent impunis (si je me sers du mot *crime,* c'est pour me faire mieux comprendre); car c'est ainsi que la société des riches appelle les justes efforts que nous faisons pour cesser d'être pauvres.

» A peine l'assemblée dite *constituante* s'est-elle emparée du pouvoir, que l'impunité a été à l'ordre du jour ; et le citoyen courageux qui avait tué son père fut sauvé par la nation de Versailles, pendant que la nation de Paris mettait quelques aristocrates, et notamment un boulanger, à la lanterne! Vous vous rappelez ce que firent les nations de plusieurs villes en faveur de la liberté : c'était alors le bon tems ! Nous exploitions tout à notre aise ; nos mouvemens étaient libres !

» L'établissement des passeports nous gêna peu, parce que les auteurs de cette nouvelle tyrannie ne voulaient atteindre que les nobles et les prêtres.

» Les choses restèrent en cet état pendant l'assemblée législative et lorsque les girondins travaillaient avec succès à démolir les dernières marches du trône.

» Elles ne changèrent pas pendant l'admirable session de la convention nationale, qui ne dura malheureusement qu'environ trois ans ; *la saine majorité* de cette assemblée nous protégeait et partageait nos principes. Si elle déploya des formes acerbes, ce ne fut pas contre nous ; quelques-uns même de ses membres s'enrôlèrent sous nos drapeaux pour ne pas changer d'état : c'était encore le bon tems !

» Le directoire, qui succéda, avait tant d'affaires sur les bras qu'il n'opposa à nos travaux que des efforts impuissans. Il n'aurait pas même pu nous trop vexer sans être en contradiction avec ses principes, puisqu'il était du parti de ces *Gaulois* qu'on nommait *jacobins*, tous amis de l'égalité jusqu'à la mort !

» On l'a cependant accusé d'avoir voulu établir une petite aristocratie de sa façon ; mais le prêtre Sieyes monta à cheval, et le directoire cessa d'exister !

» Malheureusement le bon abbé fut pris pour dupe : un despote vint !

» Celui - ci était bien un voleur comme nous ; mais il ne vola que pour lui et ses amis : nous fûmes oubliés dans le partage ; et, pour combler la mesure , nous fûmes persécutés plus que nous ne l'avions jamais été dans l'ancien régime.

» Si je me rappelle avec une espèce d'orgueil la gloire dont se couvrirent ceux qui composaient nos compagnies de chauffeurs, je verse en même tems des larmes sur le nombre de ces illustres victimes du despote. Nos guerriers furent moissonnés ; il imagina des jurés spéciaux, des cours spéciales, etc. ; il doubla ou tripla la gendarmerie : un petit nombre de nous échappa à ses fureurs. L'ingrat ne voulut pas se ressouvenir qu'il devait sa couronne à la révolution, et que nous avions tout fait pour la révolution !

» Si vous saviez tous le latin, je vous dirais, mes chers camarades,

Sic vos non vobis, fertis aratra boves.

» Il y a trois ou quatre vers comme celui-là, mais je ne me ressouviens plus des autres. »

Ici on entend quelques murmures dans l'assemblée, et quelques voix : « Nous ne savons pas le latin ; que le diable t'emporte avec ton latin. »

Le président rappelle à l'ordre les interrupteurs ; il obtient du silence et continue :

« Enfin le despote fut renversé à son tour, et l'héritier du dernier roi *s'empara* de la couronne ; fidèle au système de sa famille, il nous poursuit à outrance ! Nous ne sommes en sûreté nulle part ; mais il y a toujours compensation, comme l'a dit spirituellement un auteur dont le nom ne me revient pas. Pendant que l'autorité nous persécute, les *Gaulois* qui ont quitté le nom de jacobins pour prendre celui de *libéraux*, nous protègent ouvertement.

» Ils emploient tous les moyens qui sont en leur pouvoir pour rendre nulle l'action de la justice.

» S'ils étaient en nombre, comme dans le tems de l'assemblée constituante, ils parviendraient sans doute à paralyser cette autorité judiciaire dont nous avons tant à nous plaindre.

» Un des moyens les plus efficaces serait la suppression de la gendarmerie ; aussi n'est-il pas échappé à leur sagacité !

» Leurs orateurs les plus distingués ont dit dans la séance du 20 de ce mois que la gendarmerie coûte seize millions neuf cent soixante-dix mille francs, non comprise celle de Paris, un million quatre cent mille fr.

» Elle ne sert, ont-ils ajouté, qu'à tracasser les citoyens paisibles qui voyagent, ou à exécuter des ordres arbitraires ; elle ne coûtait en 1785 que quatre millions !

» Vous admirerez comme moi, chers camarades, l'art que ces orateurs ont employé pour parvenir à leur but.

» Ils ont commencé par dire qu'elle coûte beaucoup trop ; que, par conséquent, elle est trop nombreuse ; de là une réduction devient utile !

» Ils ont fini par déclarer qu'elle ne sert qu'à vexer les voyageurs ou à exécuter des ordres arbitraires ; de là une suppression inévitable !

» En effet, et les orateurs s'y connaissent, rien de plus vexant pour nous dans nos voyages, quelquefois nocturnes et toujours paisibles ; on a souvent dix gendarmes sur les épaules sans s'en douter !

» Sommes-nous dans nos *appartemens ?* Ils s'y introduisent avec des mandats de comparution, d'amener, d'arrêts, décernés arbitrairement par nos persécuteurs !

» Combien n'avons - nous pas à nous plaindre de cette infâme gendarmerie ? Six fois, hélas ! j'ai été sa victime, sans compter les deux voyages que j'ai faits avec elle à Toulon ! Bien certainement je ne serais pas revenu du second sans l'adresse du camarade *Souffleur,* avec qui j'étais fortement lié !

» Mais ce n'est pas tout : les gendarmes s'y prennent d'une manière traîtreuse pour nous tromper. Habillés en bourgeois, ils nous espionnent dans les endroits publics où nous pouvons espérer de *travailler* en sûreté ! Dimanche dernier encore, le petit *Bonœil* qui, vous le savez, donnait les plus belles espérances, puisque du mouchoir il allait passer à la montre, se trouvait dans un cabaret de Belleville, innocemment occupé à se perfectionner, en détachant du cou d'une poissarde une jolie chaîne d'or ; malheureusement il fut aperçu et empoigné par un gendarme déguisé !

» En un mot, la gendarmerie est un véritable fléau pour notre association. Je pourrais ajouter que son existence est contraire au texte et à l'esprit de la charte.

» La charte ne reconnaît point de privilége, et c'est une troupe privilégiée qui reçoit une solde plus considérable que les autres ! »

> Plusieurs voix : *Bravo! oui, elle est contraire à la charte. Plus de gendarmes! à bas les gendarmes! ce sont des aristocrates.* Après de longs applaudissemens, le président parvient, non sans peine, à faire faire silence; enfin il reprend la suite de son discours.

« Dans ces circonstances, je pense donc que nous devons voter une adresse de remercîmens aux honorables membres de la chambre des députés qui ont été d'avis de refuser tout ou partie des fonds nécessaires pour la solde de la gendarmerie, puisque c'est d'une manière indirecte en demander la suppression, ou au moins la réduction.

» Je vais mettre l'adresse aux voix.

» Que ceux des camarades qui sont de l'avis de voter l'adresse, lèvent la main gauche ! »

Tous les membres présens ayant levé la main gauche, la contre-épreuve n'eut pas lieu. Le président déclare que l'adresse est votée ; il annonce en même tems que pour satisfaire à l'impatience commune, il a cru en devoir confier d'avance la rédaction à des sujets capables, sachant lire, écrire, et même un peu d'orthographe. « Je pense, dit le président, que ces choix seront d'autant plus agréables à la société, qu'ils tombent sur des hommes recommandables, qui sont : les camarades *Ducachet*, ancien employé à la poste aux lettres ; *Brouilletout*, ci-devant procureur à Coutances ; *Dumiroir*, ex-journaliste ; *Surcharge*, ancien notaire, et enfin le camarade *Furet*, ancien agent secret de la police.

» Je suis prévenu, ajoute-t-il, que le travail de cette commission est prêt : il ne me reste plus qu'à consulter la société pour savoir si elle veut entendre la lecture de l'adresse. »

Tous les membres ayant manifesté un assentiment général, le président accorde la parole au camarade *Ducachet* pour lire l'adresse rédigée par la commission.

L'orateur est à la tribune.

« MESSIEURS ou CITOYENS (c'est indifférent),

» Ce n'est pas sans éprouver un profond sentiment de reconnaissance que l'association des Amis de l'Egalité a lu tous vos discours prononcés à l'occasion du budget, notamment la partie de ces discours qui concerne la gendarmerie.

» Vous avez apprécié dans votre sagesse tout le tort que nous cause cette troupe privilégiée.

» Elle comprime les mouvemens de ceux d'entre nous qui sont parvenus à la maturité de l'âge ; elle arrête l'éducation de nos jeunes gens ; à la campagne, en ville, dans les cabarets, dans nos *appartemens*, nous ne voyons que cela !

» Notre profession n'est pas libre, malgré qu'on dise toujours que la charte est protectrice de toute espèce d'industrie, et que votre tribune retentisse de ces mots : *L'industrie n'a pas de bornes !*

» Cette troupe est non-seulement contraire à la liberté, mais elle est peu en harmonie avec l'égalité.

» La gendarmerie est plus généreusement payée que les autres troupes du royaume ou de l'empire (c'est égal); elle est mieux vêtue, elle est même une troupe d'élite, ce qui est évidemment contraire à notre pacte social !

» Nous vous dirons que, sans elle, nous aurions déjà réussi à prouver notre savoir-faire dans les hôtels des ministres où, sans doute, nous n'aurions pas travaillé en vain. Mais par un privilége porté jusqu'à l'abus, leurs excellences ont toujours chez elles une garnison complète de gendarmerie, soit à cheval, soit à pied.

» Recevez donc, Messieurs ou Citoyens, l'expression de notre fraternelle gratitude , et comptez sur l'assurance que nous vous donnons de ne jamais vous inquiéter personnellement. »

» Nous sommes avec respect,

» Vos très-humbles serviteurs,

» *Les membres de l'association des Amis de l'Égalité.* »

Le camarade *Ducachet* fait en même tems observer qu'en sa qualité d'homme de lettres, il sait qu'il est du bon ton d'ajouter un *post-scriptum* qu'on aurait pu insérer dans le corps de l'adresse ; mais en le détachant, dit-il, cela a plus de grâce. En conséquence, je vous propose celui dont je vais faire lecture :

P. S. « Nous vous prions de nous envoyer vos noms et signalemens, afin que nous puissions vous faire parvenir des cartes de sûreté, au moyen desquelles vous serez à l'abri de toutes recherches de la part des membres de notre société. Nous vous recommandons cependant de n'en point faire un mauvais usage en les prêtant à des tiers ; dans ce cas, elles seraient annulées de droit : c'est un hommage personnel ! »

> Après cette lecture, le président se lève, et daigne jeter un coup d'œil de satisfaction sur les rédacteurs de l'adresse ; il allait la mettre aux voix, lorsque le camarade *Grognet*, ancien avocat au Mans, demande et obtient la parole.

« La reconnaissance, mes chers camarades, est sans doute une vertu ; mais il faut la témoigner utilement : or, il me semble que vous l'appliquez mal à ces orateurs prétendus philantropes, ce ne sont que des égoïstes !

» Entendons-nous : ceux qui veulent renverser un gouvernement établi sont les ennemis nés de la gendarmerie ; comme nous, ils abhorrent cette institution , parce qu'elle est naturellement la pourvoyeuse de l'autorité judiciaire que les voleurs et les révolutionnaires craignent également.

» Auriez-vous assez peu de mémoire (je parle à ceux qui ont la cinquantaine), auriez - vous, dis - je, assez peu de mémoire pour ne pas vous rappeler que les auteurs de la révolution ont commencé par énerver tous les pouvoirs et paralyser tous les agens d'une autorité chancelante ?

» Ce ne fut pas dans notre intérêt, je le dis hautement, que la maréchaussée fut supprimée , que les débats des procédures criminelles furent rendus publics ; enfin , si l'on ouvrit la porte de l'impunité , la révolution en fut la *cause*, et les nôtres profitèrent de *l'occasion*.

» La révolution! quel bon tems, c'était l'âge d'or! Mais , comme l'a judicieusement observé le président, notre sort est devenu plus fâcheux : les nouveaux maîtres, qui n'avaient pas respecté les propriétés de plusieurs siècles , exigèrent qu'on respectât des possessions de quelques mois. Une pareille doctrine est intolérable, et d'ailleurs nos statuts repoussent tout ce qui peut contrarier l'exercice de notre profession.

» C'est à ce sujet que je me rappelle un vieux proverbe que mon père ne cessait de me répéter : « Vaut mieux qu'une citadelle périsse qu'un gueux s'enrichisse. » Aussi, était-il ami de l'égalité, mon père, et il est mort pour cette cause! Vous savez où.

» Je dis donc que nous ne devons aucune reconnaissance à un parti qui, s'il devient le plus fort, nous vexera plus que nous ne le sommes en ce moment. Peut-être, poursuivra-t-on encore des émigrés, des prêtres insermentés, des conscrits réfractaires ; mais tout en cherchant ces gens-là dont au surplus je ne me soucie guère, on tombera par erreur sur les nôtres, comme cela est déjà arrivé.

» N'allez pas croire, mes chers camarades, que je sois un *ultrà*, je suis encore moins un *libéral;* en politique je suis un *modéré!* Je désire le bonheur de la patrie et le bien de nos concitoyens.

» Je me résume : Si par l'effet de quelques secousses occasionées par les hommes à qui vous destinez l'adresse, les lois répressives tombaient dans le relâchement, si l'autorité judiciaire était de nouveau avilie, *ô utinam !* nous en profiterions sans doute avec joie ; mais je soutiens que nous ne devons pas de remercîmens à ces hommes qui ne songent qu'à eux. Je vote contre l'adresse. »

L'orateur descend du tonneau qui lui sert de tribune, et il reçoit les félicitations du plus grand nombre de ses camarades, sur l'esprit desquels son discours avait fait une grande sensation. L'impression en aurait été ordonnée à l'unanimité si les statuts de la société l'avaient permis. Néanmoins le camarade *Prudent*, ancien receveur des contributions, demande la parole pour y répondre ; mais le président fit observer qu'il était tard, c'est-à-dire matin, que déjà le soleil paraissait à l'horison, qu'on ne pouvait pas disposer du local pendant la journée, et qu'enfin le moment était venu que chacun pût se livrer à ses occupations ordinaires. La séance fut donc lévée, et la continuation de la discussion renvoyée au lendemain.

DEUXIÈME SÉANCE.

Du 22 au 23 juin.

———

La séance est ouverte. Le camarade *Souf-fleur* fait lecture du procès-verbal dont la rédaction est approuvée.

Le camarade *Mathieu*, ex-sous-caissier, prend la parole pour combattre le système élevé par le dernier orateur entendu dans la séance de la veille.

« Je ne suis point habitué, dit-il, à parler en public ; je ne travaille ordinairement que dans le secret, et je peux me flatter d'être adroit. Vous pouvez en demander des nouvelles à MM. du Trésor !

» Ce n'est donc pas sans crainte que je me hasarde à cette tribune, mais je compte sur votre indulgence comme vous êtes convaincus de ma bonne foi. »

Après ce modeste exorde qui n'était qu'une précaution oratoire, *Mathieu* continue :

« Quand il serait vrai qu'il existât un parti qui cherche à désorganiser, pour se faire jour à travers le désordre, quand il serait vrai que ce parti eût en vue ses intérêts plutôt que les nôtres, ce ne serait pas une raison pour être ingrats !

» Qu'avons-nous à désirer ? l'impunité ! Eh bien, où la trouvons-nous, si ce n'est dans la faiblesse des institutions, dans l'avilissement des autorités, et surtout (car il est principalement question de cela) dans la suppression, ou au moins dans la diminution de la gendarmerie qui, comme on l'a très-bien démontré, est un établissement despotique et vexatoire ? A cet égard, que pouvons-nous exiger de plus des honorables membres à qui notre adresse est destinée ?

» Ceux d'entre nous qui savent lire peuvent se convaincre que, depuis le commencement de la session, tous leurs discours ne tendent qu'à la dissolution de la société, ce qui serait pour nous le beau idéal !

» La jeunesse est émancipée avant l'âge ; on lui donne même un brevet de majorité complète dès qu'il s'agit de contrarier l'autorité !

» On la trouve *pensante* et *réfléchissante* pour la rendre *agissante !*

» On fait l'éloge des *libéralès*, parce

qu'ils tiennent leur roi prisonnier, et parce qu'ils persécutent leurs prêtres (1)!

» Les *carbonari* ont aussi obtenu les encouragemens de ces Messieurs, avant qu'ils n'eussent lâché pied.

» Au surplus, il importe peu que tout ceci soit ou non dans nos intérêts ; l'essentiel pour nous est de pouvoir exercer notre industrie sans éprouver de gêne.

» Je m'attends bien qu'après un inévitable chaos ils voudront, comme l'a dit le préopinant, rétablir l'ordre, et que même ils n'épargneront pas les mesures arbitraires.

» Cette objection est forte, j'en conviens, elle inspire des sujets d'inquiétude ; mais, d'abord, baisons la main qui nous oblige, et n'ayons pas l'air de connaître l'arrière-pensée du bienfaiteur ; c'est ainsi que cela se pratique dans la bonne compagnie que j'ai connue.

---

(1) Le bruit courait dans l'assemblée que l'orateur travaille, dans ses momens de repos, à extraire du *Moniteur* toutes les pensées émises en ce genre par MM. du côté gauche. Il est, disait-on, au quatrième volume.

(*Note des rédacteurs.*)

» Je dis donc qu'il faut prendre le bien chaque fois que l'occasion s'en présente. »

(Bravo ! bravo ! à la bonne heure ! c'est cela !)

« Cet état n'est que provisoire, il est vrai, mais j'aime assez le provisoire, pourvu qu'il dure long-tems , et plusieurs hommes d'Etat partagent mon opinion !

» D'ailleurs, mes chers camarades, rassurez-vous ; si ce provisoire ne devient pas bientôt définitif, soyez sûrs qu'il se prolongera.

» J'ai des pressentimens qui ne me trompent jamais ; je vois dans un avenir très-prochain une nouvelle convention. Ne dût-elle durer que trois ou quatre ans, nous profiterons de cet intervalle pour nous livrer aux opérations les plus glorieuses et les plus utiles.

Au surplus, et quoi qu'il arrive, c'est un devoir de témoigner à ces Messieurs toute notre reconnaissance. Peut-être m'objectera-t-on qu'en votant l'adresse proposée, ce serait induire en erreur les honorables membres, et les faire compter sur les secours de notre association ?

» Je répondrai d'abord que par nos statuts, nous ne sommes pas tenus à cette ri-
gidité de principes qu'on n'observe même
pas toujours dans les bureaux des ministres,
et je m'y connais !

» Je dirai ensuite : Messieurs ou Citoyens,
(selon l'usage qui aura lieu) si vous avez
pu soustraire à vos consciences les pro-
testations de fidélité et de dévouement à la
famille royale, nous avons bien pu man-
quer à nos engagemens envers vous !

» Vous et vos prédécesseurs aviez dit
qu'on ne toucherait pas aux propriétés ;
vous savez qu'elles ont été respectées comme
nous respectons les malles d'une diligence !

» Vos bons amis actuels, les *libérales*
espagnols, avaient annoncé que leur pays
allait devenir le pays d'*Eldorado ;* on sait
comment les choses s'y passent !

» Vos amis, les *carbonari* napolitains
avaient fait claquer leur fouet, et promis
d'avoir du courage ; *les Autrichiens ne de-
vaient pas sortir des Abruzzes !*

» Vous avez vu comme votre protégé
Pépé sait danser la courante !

» Convenez donc, Messieurs, que notre

parole , même notre parole d'honneur , n'est pas plus obligatoire que vos sermens.

» Je défie qui que ce soit de répondre à ce raisonnement. Au surplus, mes camarades, je vous propose un amendement ; c'est de retrancher de l'adresse ces mots : *Et comptez sur l'assurance que nous vous donnons de ne jamais vous inquiéter personnellement.* »

Mathieu descend de la tribune aux applaudissemens réitérés de tous les assistans, même de ceux, en assez grand nombre, qui n'avaient rien compris à son discours.

Le président accorde la parole au camarade *Prudent* qui demande à parler contre l'amendement. Il s'exprime ainsi :

« La question, dit-il, se réduit à savoir si on promettra sûreté à ces Messieurs, dans le cas où quelques-uns d'entre eux tomberaient par distraction dans les mains des nôtres.

» Je demanderai, pourquoi pas ? puisque nos promesses ne sont point obligatoires, l'honorable préopinant en convient.

» En vain se prévaudr.... »

« Il faut les déval...., les dévaliser.... ; je vote contre l'amendement. »

Personne ne réclame ; alors le président prend la parole et dit :

« MES CHERS CAMARADES ,

» Je vous annonce une bonne nouvelle ; un de nos plus illustres amis, le fameux *Pontis , comte de Sainte-Hélène,* s'est depuis peu échappé du bagne ; il est à Paris *incognito !* je l'ai conduit ici ; et comme il sait ce qui s'est passé dans notre dernière séance, il désire parler sur la matière qui est en délibération. Il est d'autant plus à même de nous éclairer, qu'il a été accueilli dans le grand monde, et qu'il a vu la haute société. »

à la tribune, et, d'une voix de *stentor*, il improvise le discours suivant :

« CAMARADES,

» Les uns me donnent le titre de *Comte*, les autres me le refusent : je ne me crois pas obligé de lever l'incertitude ; mais soyez convaincus que toujours je déposerai mes titres à la porte du lieu de vos séances : nous sommes tous frères, tous égaux ; ainsi, je serai constamment pour vous le camarade *Coignard*. (Signes d'approbation.)

» Malheureusement, je n'ai pas à jouir long-tems des douceurs de cette précieuse égalité ; j'ai dans ce pays des ennemis puissans, ils sont aussi les vôtres. J'ai été la victime d'un homme qui se disait mon ami ; il m'a reconnu, et les suites de cette fatale reconnaissance, qui fut vraiment théâtrale pour moi, sont encore présentes à votre mémoire !

» Je vais donc chercher une terre plus hospitalière. Le général *Quiroga* m'a fait sonder ; mais je ne me soucie pas d'aller me battre contre les bandes déguenillées du curé *Merino ;* il n'y a là rien de bon à gagner ! Je préfère me rendre auprès du prince *Ypsilanti* qui m'a fait faire des propositions avantageuses ; je joindrai mes efforts à ceux des Grecs pour dépouiller ces vilains Turcs ; ils sont riches, et si je peux mettre mon cachet sur leurs sequins, je vous réponds qu'il ne leur en restera pas beaucoup.

» Je me vois déjà prendre d'assaut le sérail du grand-seigneur, j'y trouverai d'agréables sujets de distraction ! qu'en pensez-vous, camarades ?

(On sourit, et l'orateur se frotte les mains.)

» Je suis muni d'un passeport de la même fabrique que celui du général *Mina*, et je pars aujourd'hui même ; mais avant de vous quitter, permettez-moi de vous parler de l'objet qui vous occupe en ce moment.

» D'abord, rappelez-vous que pour tous autres objets que pour ceux qui composent votre estimable société, vous êtes des voleurs ! or, des voleurs ne devraient pas se mêler de politique ; cependant je suis obligé de traiter cette matière à cause de vos précédens.

» Je dis donc que vous n'obtiendrez protection d'aucun des partis qui ont le pouvoir ou qui se le disputent.

» Les premiers acteurs de la révolution ont cherché des doublures ; ils les ont trouvées dans les jacobins qui bientôt les ont surpassés.

» Parmi ces premiers révolutionnaires étaient des nobles qui étaient fâchés de n'être pas riches, des riches qui étaient désolés de n'être pas nobles, des philosophes qui doutaient de tout, hors de leur mérite, et enfin des avocats qui, ne trouvant pas à parler pour les autres, voulaient faire parler d'eux.

» C'est encore aujourd'hui à peu près la même composition ; d'où il résulte que ce n'est pas parmi ces gens-là que nous trouverons des appuis.

« Les jacobins, en apparence plus traitables, et dont les mœurs et les usages se rapprochent des nôtres, sont des égoïstes qui ne souffrent aucun partage.

» Les buonapartistes, quand ils sont les maîtres, deviennent les plus ardens défenseurs de la propriété, ce qui est contraire à nos principes.

» Ces trois sectes réunies forment celle des

libéraux, sauf à se diviser par la suite : on y voit figurer de ces noms historiques de 1789, des braves citoyens de 1793, et de plats valets de Napoléon !

» Je n'ai pour ces gens-là que *peu d'affection;* je pourrais ajouter que mon indifférence va jusqu'à *l'éloignement.*

» Il existe un autre parti dont les opinions sont mixtes. Ce parti veut les intérêts moraux de la révolution ; il voudrait gouverner monarchiquement avec les élémens révolutionnaires, et marier le système de Buonaparte avec une représentation nationale !

» Jusqu'à présent, au moyen d'une petite bascule que les chefs font mouvoir à leur gré, il n'a pas trop mal réussi ; enfin ce parti s'appelle *ministériel,* ou *le centre!* C'est, après tout, ce qu'il y a de moins mauvais pour nous ! J'ai pour ce parti plus *d'amitié* que *d'éloignement;* j'en aurai bien plus encore s'il ne met pas d'obstacles *à la liberté de la presse.*

» Oui, j'aime les *ministériels* depuis que j'ai lu les *Lettres de Buonaparte à l'un de ses principaux agens à Paris;* il les qualifie de *laissent-faire.* Ce sobriquet leur restera ; au surplus, ces modérés sont bien pour nous les meilleures gens du monde !

» Je suis fâché que le cher homme soit mort, peut-être se serait-il réconcilié avec ses correspondans qui paraissent se conduire maintenant d'une manière plus conforme aux désirs qu'il avait ; mais puisqu'il est défunt, n'en parlons plus. Je parlerai plutôt des 40 millions qu'il laisse ; il les avait volés à la France, c'est connu ! à coup sûr ils ne provenaient pas de ses économies ! Le ministère anglais les garde, autrement dire, il les vole (1). Ah! si nous pouvions les lui voler, cette opération ajouterait à notre gloire, et le diable en rirait. Songez-y.

» Je disais donc que j'aime les *ministériels :* ce n'est pas que je croie qu'ils nous paient de retour, mais ils ont une grande douceur dans le caractère, une heureuse philantropie qui les éloigne de cette espèce de vengeance que d'autres nomment répression, enfin une affabilité de mœurs qui ne leur permet pas de voir de coupables ! Cependant, mes chers camarades, il ne faut pas s'y tromper : ce n'est point aux hommes que vous devez cet

---

(1) Voilà bien le langage insolent d'un voleur effronté !

(*Note de l'éditeur.*)

état de choses. Leur indifférence pourrait bien n'être qu'apparente, et n'avoir pour but que de continuer le jeu de bascule; en effet, remarquez leurs mouvemens: les royalistes ont-ils le dessus? vite on fait monter les libéraux, et les royalistes ont le dessous.

» Hélas! puissent-ils y rester long-tems, car ils sont nos véritables ennemis; c'est une race incorrigible, et je ne suis pas le seul de cette opinion. Ainsi, mes camarades, guerre à mort aux royalistes! ne les épargnez ni dans les bois ni sur les grandes routes: ils sont gens, s'ils étaient les maîtres, à nous persécuter comme l'ont été nos devanciers sous le règne de Louis XIV, et à rétablir les cours prévôtales, *la terreur de* 1815, peut-être même à faire planter des gibets. Ils ne cachent pas leurs desseins.

» Le jour où d'honorables députés, organes du parti libéral, faisaient des efforts d'éloquence pour obtenir une réduction dans le personnel de la gendarmerie, n'a-t-on pas entendu le sieur Bour....., l'un de ces incorrigibles, faire retentir à la tribune ces infâmes propos:

« Ne cherchez pas ailleurs, Messieurs,

» la cause de ce malaise qui tourmente la
» société européenne, que dans la déca-
» dence et l'affaiblissement du pouvoir.

» Tout ce qui tend à diminuer la force du
» pouvoir est un attentat à l'ordre social. »

» Il est vrai que ces paroles étranges furent
accueillies, comme elles le méritaient, par
les murmures de la gauche, et qu'un bel-
esprit de ce côté y répondit d'une manière
victorieuse, comme il le fait toujours !

» Il faut en convenir, si des principes aussi
pernicieux étaient mis en pratique, notre illustre association perdrait bientôt tous ses
avantages ; mais j'espère qu'on n'en viendra
pas là, au moins de si tôt. Le parti de la bascule a trop d'intérêt à maintenir l'état provisoire ; sachons donc en profiter, mais sans
bruit, sans éclat.

» Je vous en conjure, mes camarades,
que ce soit pour la dernière fois qu'il soit
question de politique dans vos réunions.
Vous êtes voleurs ! eh bien, volez : dans ce
monde, chacun son métier.

» Déchirez au plus vite votre adresse ;
vous compromettriez par des imprudences
l'existence même de votre association.

» Je vous quitte, mes bons amis ; j'espère vous voir l'année prochaine, muni de beaucoup de sequins, et accompagné de quelques belles Circassiennes dont je vous ferai hommage. »

> Après ce discours, qui fait la plus vive sensation sur tous les auditeurs, le comte de Sainte-Hélène descend de la tribune ; des *bravos* l'accompagnent jusqu'à sa place.

On va ensuite aux voix sur l'adresse proposée ; elle est rejetée à l'unanimité.

L'ordre du jour était de se retirer (il était trois heures du matin) ; mais le président fait observer qu'on doit se séparer sans ajournement fixe ; et il annonce que le lieu de la prochaine séance sera indiqué par des lettres de convocation adressées à domicile.

Les éclaireurs, a dit ce *Nestor* de l'assemblée, avaient remarqué des curieux qui rôdaient autour de la carrière, ce qui nécessitait le choix d'un autre local.

La séance est levée.

NOTE DES RÉDACTEURS.

Ne connaissant, pas plus que la police, l'endroit où se rassemblent Messieurs les voleurs de la capitale, nous sommes forcés de suspendre cet intéressant Journal, nous réservant de le continuer si nous parvenons à découvrir le nouveau local, et si les séances présentent de l'intérêt.

(On ne souscrit pas d'avance.)

APPENDICE.

—

Nous étions le 8 de ce mois à la piste d'une nouvelle réunion de voleurs, lorsque nous avons rencontré un employé des bureaux d'un journal, sortant de la commission de censure, et tenant à la main ses paperasses approuvées ou rayées.

Entre confrères on s'oblige : ce sentiment nous a valu la communication d'un article que la censure avait sillonné avec de l'encre rouge.

En tête de cet article, nous avons lu qu'il était extrait de la feuille intitulée : *Le Correspondant* de Hambourg ; nous l'avons ensuite confronté avec le numéro de cette feuille, et après avoir reconnu qu'il est parfaitement exact et conforme, qu'il ne renferme rien de contraire à la charte et au respect dû au Roi, nous croyons qu'il sera lu avec intérêt.

D'ailleurs, il s'adapte merveilleusement à la masse des idées que contient notre relation historique, et mieux encore à la brochure intitulée : *Lettres de Buonaparte à l'un de ses principaux agens* (1).

Les Rédacteurs.

Hambourg, le 3o juin 1821.

Le Correspondant publie aujourd'hui, d'après une lettre de Londres, les nouvelles suivantes :

Sainte-Hélène, le 28 avril 1821.

« Dans les derniers jours de janvier, *Buonaparte* fit faire, par M. le comte de Montholon, des plaintes sur le manque d'argent qu'il éprouvait, d'après une interruption dans l'envoi de ses lettres de change. Afin de prévenir cet inconvénient pour l'avenir, sans le mettre dans la nécessité d'accepter l'argent que lui avait offert la maison

____

(1) Se vend à Paris, chez Pillet aîné, rue Christine, n° 5 ; et chez tous les marchands de nouveautés au Palais-Royal. Prix, 1 fr. 5o c., et 2 fr. par la poste.

de commerce **B.** et **H.**, sans qu'il sût qui en avait chargé cette maison, et de qui elle recevait des fonds, il fit proposer au gouvernement de lui avancer par mois 5oo liv. sterl. que le duc de *Leuchtenberg* ferait remettre régulièrement au gouvernement anglais par M. Barring. Il demandait en outre qu'au lieu de deux ecclésiastiques qui étaient auprès de lui, du docteur *Antomochi* et des comtes Bertrand et Montholon, on lui envoyât une autre société.

» Comme sa famille était en Italie, et ne pouvait pas bien juger quelle société il aimerait à avoir autour de lui, il pensait qu'elle ne pouvait être mieux choisie que par ceux des ministres du Roi de France qui, l'ayant autrefois servi, connaissaient ses habitudes et ses goûts, tels que MM. Pasquier, Mounier, Ségur, Daru..... (ici est un nom que l'encre de la censure a rendu illisible), et Decazes, qui avait été secrétaire privé de sa mère.

» Quant à l'ecclésiastique, il demandait un homme qui connût le monde, et qui eût de l'expérience, un savant théologien qui fût en état de discuter des points de religion, de répondre à ses questions, de lever ses doutes et de lire avec lui l'Ecriture-Sainte , un homme de quarante à cinquante ans, mais qui fût parfaitement instruit.

» Quoique je sente, a-t-il dit, mes forces diminuer, je ne suis pas encore assez mal pour appeler les secours ecclésiastiques ; mais si je me trouvais dans ce cas, il m'en faudrait d'autres que ceux qui sont maintenant auprès de moi, et dont l'un n'a pas encore secoué la poussière des écoles. Voltaire même, dans ses derniers momens, s'est jeté dans les bras de la religion ! Qui sait si je ne prendrais pas goût aux entretiens d'un ecclésiastique raisonnable, et si peut-être enfin je ne deviendrais pas religieux ?

» Il a demandé pour médecin un homme tel que Corvisart ; mais il a déclaré qu'il aurait une haute confiance en celui que choisiraient pour lui Bourdois, Eymery, Larrey, Dubois ou Desgenettes. Quant aux individus qui remplaceraient les comtes Bertrand et Montholon, l'un d'eux devait être un général ; et il préférerait Drouot à tout autre. Dans tous les cas, il n'en voudrait pas un qui eût servi contre lui ; mais il dé-

sirerait un officier de son armée. L'autre serait un homme du monde ou un ancien ecclésiastique ; en tout cas , un de ses anciens
conseillers d'État ou chambellans, homme
marquant, ayant de la gravité, de l'instruc-
tion et des talens ; par exemple, Caulin-
court, Savary, Ségur, Montesquiou, Daru,
Drouot, Turenne, Denon, Arnault. Le gouvernement a adopté l'arrangement proposé
pour l'agrément de Buonaparte ; il a déclaré
que l'ecclésiastique qu'on lui enverrait devait être un homme du concordat de 1802,
un homme tel que M. Duvoisin, l'ancien
évêque de Nantes.

NOTE DE L'ÉDITEUR.

Tous ces projets sont désormais inutiles : on sait
que Buonaparte est mort...... dans son lit !

DE L'IMPRIMERIE DE PILLET AÎNÉ, RUE CHRISTINE, N° 5.